BEI GRIN MACHT SICH IHR WISSEN BEZAHLT

- Wir veröffentlichen Ihre Hausarbeit,
  Bachelor- und Masterarbeit

- Ihr eigenes eBook und Buch -
  weltweit in allen wichtigen Shops

- Verdienen Sie an jedem Verkauf

Jetzt bei www.GRIN.com hochladen
und kostenlos publizieren

Erstellung eines Strategieberichts für eine Praxis für Ernährungsberatung in Bonn

Bibliografische Information der Deutschen Nationalbibliothek:

Die Deutsche Nationalbibliothek verzeichnet diese Publikation in der Deutschen Nationalbibliografie; detaillierte bibliografische Daten sind im Internet über http://dnb.d-nb.de abrufbar.

ISBN: 9783389006719
Dieses Buch ist auch als E-Book erhältlich.

Druck und Bindung: Books on Demand GmbH, Norderstedt Germany
Gedruckt auf säurefreiem Papier aus verantwortungsvollen Quellen

Das vorliegende Werk wurde sorgfältig erarbeitet. Dennoch übernehmen Autoren und Verlag für die Richtigkeit von Angaben, Hinweisen, Links und Ratschlägen sowie eventuelle Druckfehler keine Haftung.

Das Buch bei GRIN: https://www.grin.com/document/1459425

Hausarbeit

Studiengang	**MBA Sport-/Gesundheitsmanagement**
Studienmodul	**Strategisches Management I**
Datum Präsenzphase (siehe Ergebnisdokumentation)	**17. – 19.04.2023**
Aufgabe	**Erstellung eines Strategieberichts für eine Praxis für Ernährungsberatung in Bonn**

Inhaltsverzeichnis

1 Darstellung der Ausgangssituation

1.1 Wahl des Standortes

Ein großer Erfolgsfaktor für ein Unternehmen kann der Standort sein, gute Erreichbarkeit spielt dabei eine wichtige Rolle. Der sehr zentral gewählte Standort liegt in der Nähe des Hauptbahnhofes, wo die Erreichbarkeit mit öffentlichen Verkehrsmitteln sehr gut ist. Auch mit dem Auto ist es kein Problem in naher Umgebung zu parken. Der Standort nahe dem Bahnhof sorgt durch den hohen Durchlauf an Kunden zudem für die Sicherung eines höheren Bekanntheitsgrades. Mit dem Fitnessstudio „XTRAFIT Bonn-Zentrum" in der Nähe und diversen Arztpraxen gibt es zusätzliches Potential zu Kooperationen.

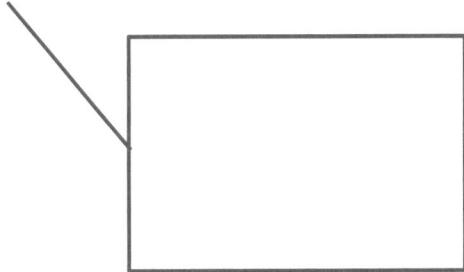

Anmerkung der Redaktion: Die Abbildung wurde aus urheberrechtlichen Gründen entfernt.

Abbildung 1: Standort für die Praxis für Ernährungsberatung, Am Hauptbahnhof 6, 53111 Bonn (Google Maps, 2023)

1.2 Beschreibung des Unternehmenstyps

Das in Bonn angesiedelte Unternehmen soll mit einem breit gefächerten Angebot an Produkten und Dienstleistungen rund um Ernährungsberatung möglichst viele Kunden ansprechen, Privatkunden sowie auch Unternehmen. Die gewählten Geschäftsfelder sind die Individuelle Einzelberatung, Gruppenberatungen/ Workshops, Berufliches Gesundheitsmanagement und Online-Beratungen.

1) Individuelle Einzelberatung

Als private Kunden für eine Einzelberatung kommen grundsätzlich zwei Arten in Frage; Kunden, welche die Kosten selbst tragen, und Kunden, die auf ärztliche Anweisung mit einem Rezept kommen. Mit einem medizinischen Grund für eine Ernährungsberatung übernehmen viele Krankenkassen einen Teil der anfallenden Kosten. Für diese Kunden werden folgende Produkte bzw. Dienstleistungen angeboten.

Individuelle Beratung zur:
- Gewichtsreduktion
- gesunden Gewichtszunahme
- Ernährung bei verschiedenen Lebensstylen: sportliche Ziele, Erkrankungen (Diabetes, Bluthochdruck, Osteoporose, usw.), Lebensmittelunverträglichkeiten (Fructose-, Lactoseintoleranz. usw.), unterschiedlichste Ernährungsformen (vegan, intuitives Essen usw.), Ernährung während der Schwangerschaft

… mit Ziel der Erstellung eines neuen angepassten **Ernährungsplans** mit Angaben zum genauen Nährstoffanteil. Zu jeder Art der Beratung gehört immer eine **Bioimpedanzanalyse** zur genauen Bestimmung der Körperzusammensetzung des Kunden.

2) Gruppenberatungen / Workshops

Um für Kunden auch eine kostengünstigere Alternative zur Ernährungsberatung anzubieten, gibt es die Möglichkeit, sich an Gruppenberatungen oder bestimmte Workshops anzuschließen.

Gruppenberatungen werden angeboten zu: gesunder Ernährung, Ernährung für Schwangere, Ernährung für Senioren, Ernährung bei Diabetes

Workshops werden angeboten zu: Vegetarischer Ernährung, Veganer Ernährung, Intuitivem Essen

3) Berufliches Gesundheitsmanagement

Als weiteres Geschäftsfeld bietet die Praxis Ernährungsberatung im Rahmen von Betrieblichem Gesundheitsmanagement an. Immer mehr Unternehmen sorgen sich um das geistige und körperliche Wohlbefinden ihrer Mitarbeitenden und suchen ausgelagert Unterstützung. Angeboten werden: Vorträge zu gesunder Ernährung im Unternehmen, individuell aufs Unternehmen angepasste Vorträge (bspw. Ernährung bei Schichtarbeit), Unterstützung bei der Planung von Betriebsverpflegung (bspw. beim Kantinenessen), die

Organisation und Durchführung von Aktionstagen (bspw. vegane Tage in der Kantine mit zusätzlichen themenspezifischen Vorträgen).

4) Online-Beratungen

Durch eine vom Standort unabhängige Beratung können auch die Kunden generiert werden, die es aus beruflichen Gründen oder wegen ihrer Lebenslage nicht schaffen, an dem Angebot vor Ort teilzunehmen. Das Angebot gleicht der individuellen Beratung, wobei leider keine Bioimpedanzanalyse angeboten werden kann.

2 Phase der strategischen Zielplanung

In der Phase der strategischen Zielplanung soll nun die unternehmerische Vision, die Mission des Unternehmens und dessen Grundwerte ausgearbeitet werden. Anschließend sollen vier daran angepasste Unternehmensziele definiert werden und ein Branchenvergleich durchgeführt werden.

2.1 Unternehmerische Vision / Mission / Grundwerte

Vision: *Unsere Vision ist es ein langanhaltendes Bewusstsein für gesunde und ausgewogene Ernährung zu schaffen. Denn eine gesunde Ernährung trägt nicht nur zum körperlichen, sondern auch zum geistigen Wohlbefinden bei.*

Eine Vision ist ein emotionaler Wunschtraum für die zukünftigen unternehmerischen Ziele (Welge & Al-Laham, 2012, S. 213). Dabei bezieht sie sich auf die Bedürfnisbefriedigung der Bevölkerung durch das Unternehmen (Hinterhuber, 2011, S. 83) und gibt den zukünftigen unternehmerischen Handlungsplan an (Venzin et al., 2010, S. 54).

Unsere Vision fasst unser wichtigstes Ziel zusammen; die Verbesserung des körperlichen und geistigen Wohlbefindens unserer Kunden. Mit der Betonung auf eine langanhaltende Umstellung des Lebensstils soll eine gesunde Ernährung im Gedächtnis verankert werden.

Mission: *Unsere Mission ist es, mit Kunden gemeinsam auf ihre Wünsche und Ziele hinzuarbeiten und ihnen genau die Unterstützung zu gewährleisten, die sie im Bereich der Ernährung für ein langfristiges Ergebnis brauchen.*

Die Mission ist die Gegenwart der zukünftigen Vision, sie beschreibt den aktuellen Existenzgrund und den Nutzen des Unternehmens (Müller-Stewens & Lechner, 2011, S. 277).

Die Mission verdeutlicht die individuelle Zusammenarbeit mit den Kunden und erneut die Wichtigkeit des Bewusstseins zu einer anfallenden langfristigen Lebensumstellung.

Grundwerte: *Gesunder Lebensstil, Respekt, Individualität, Nachhaltigkeit*
→ *Alles auf Basis von Fachkenntnis*

Die Grundwerte eines Unternehmens leiten von der Vision ab. Sie sind die präzise ausgedrückten zentralen Werte des Unternehmens gegenüber Kunden, der Öffentlichkeit, aber auch im Unternehmen selbst, wie gegenüber Mitarbeitenden. (Müller-Stewens & Lechner, 2011, S. 233)

Die Grundwerte basieren alle auf der Fachkompetenz der Berater, die mit einem Auftreten einen gesunden Lebensstil vorleben sollten. Wichtig ist nicht nur die Individualität einer Beratung, sondern auch ein offenes und ehrliches Gespräch zwischen den beiden Parteien für ein langanhaltendes Ergebnis der Beratung. Besonders bei Gesprächen, die von Gewichtsthemen handeln, ist gegenseitiger Respekt ein wichtiger Wohlfühlfaktor.

2.2 Strategische Zielplanung

1. Ziel: Hohe Dienstleistungs- und Produktqualität

Art des Ziels: Marktleistungsziel

Ausführung: Die hohe Qualität einer Dienstleistung ist ein zentraler Wettbewerbsfaktor (Meffert, Bruhn & Hadwich, 2015, S. 200). Sie führt zu einer Bindung der Kunden an das Unternehmen und trägt so zu wirtschaftlichem Erfolg bei (Bruhn, 2013, S. 13). An die Beratungen und die verkauften Produkte werden dementsprechend hohe Anforderungen gestellt.

Zeitraum: Innerhalb des ersten Jahres und langfristig

2. Ziel: Marktführung in Bonn

Art des Ziels: Marktstellungsziel

Ausführung: Als Praxis für Ernährungsberatung hat das Unternehmen das ehrgeizige Ziel in den nächsten zwei Jahren eine führende Position in ihrem Marktsegment in der Innenstadt Bonns zu erreichen. Durch das breit gefächerte Angebot und Kooperationen mit umliegenden Unternehmen (Fitnessstudios, Ärzte, usw.) soll die Bekanntheit der Praxis gesteigert werden.

Zeitraum: Innerhalb der nächsten zwei Jahre und langfristig

3. Ziel: Arbeitszufriedenheit der Mitarbeiter

Art des Ziels: Soziales Ziel in Bezug auf Mitarbeiter

Ausführung: Wie Stock-Homburg (2012) mit ihren Hypothesen unterstützt, hat Mitarbeiterzufriedenheit einen großen Einfluss auf die Qualität des Angebots eines Unternehmens (S. 165). Um das Ziel der Produktqualität zu unterstützen, ist zudem ein wichtiges Ziel die Arbeitszufriedenheit der Mitarbeiter im Unternehmen. Es werden regelmäßige Mitarbeiterbefragungen durchgeführt und der Employee Net Promoter Score ermittelt. Ein guter eNPS sollte konstant bei mindestens 31 liegen (Schwetje, 2000, S. 173).

Zeitraum: Innerhalb des ersten Jahres & langfristig

4. Ziel: Umweltschutz und Vermeidung sozialer Kosten der unternehmerischen Tätigkeit

Art des Ziels: Soziales Ziel in Bezug auf Unternehmen

Ausführung: Einer der Grundwerte der Praxis ist die Nachhaltigkeit, dabei soll sich nicht nur auf die nachhaltig gesunde Ernährung, sondern auch auf den Umweltschutz geachtet werden. Die Beratungen sollen zusätzlich das Umweltbewusstsein beim Lebensmitteleinkauf steigern. Auch das Unternehmen selbst soll einen geringen ökologischen Fußabdruck aufweisen und ressourceneffizient arbeiten.

Zeitraum: Innerhalb des ersten Jahres & langfristig

Zuletzt ist es wichtig, dass alle Kriterien der SMART-Methode in den Zielen umgesetzt sind. Alle vier Ziele sind spezifisch, messbar, anspruchsvoll, relevant und terminiert.

2.3 Branchenvergleich

Im direkten Einzugsgebiet von Bonn werden bei Google etwa 15 weitere Praxen für Ernährungsberatung angezeigt. Beim Durchgehen der verschiedenen Websites wird schnell klar, dass sich die Visionen und Missionen der Praxen sehr stark ähneln. Viele Studios setzen auf eine Lifestyle-Umstellung der Essgewohnheiten für ein langanhaltendes Ergebnis. Auch die Grundwerte unseres Unternehmens liegen nah an denen der umliegenden Praxen. Die Notwendigkeit eines gesunden Lebensstils wird in vielen der besuchten Websites hervorgehoben. Auch ein respektvoller Umgang und die Individualität der Beratungen werden immer wieder genannt. Der am wenigsten von den anderen Praxen, nach außen hin sichtbar, aufgegriffene Grundwert ist die Nachhaltigkeit.

Die angebotenen Produkte und Dienstleistungen scheinen sehr vergleichbar zu sein, auch wenn nicht jede Praxis zusätzlich zu regulären Beratungen berufliches Gesundheitsmanagement anbietet. Und auch nur ein kleiner Anteil der Praxen wirbt aktiv damit, mit Krankenkassen zusammenzuarbeiten und so einen Teil der Kosten des Kunden abzudecken.

Grundsätzlich überschneidet sich das Angebot der vielen umliegenden Praxen von dem unseres neuen Unternehmens. Da Ernährungsberatung aber auch kein großes Fachgebiet ist, was eine Vielzahl an unterschiedlichen Angeboten bereithält, war dieser Fakt bereits zu Beginn klar. Dieses Bild bestätigt sich, wenn man bei benachbarten Städten und in anderen Bereichen Deutschlands verschiedenste Ernährungsberatungspraxen genauer betrachtet.

Um uns als Praxis für Ernährungsberatung abzuheben, ergibt es also Sinn, auf ein breit gefächertes Angebot und hohe Produkt- und Dienstleistungsqualität zu setzen, um ein möglichst großes Spektrum an Kunden zu generieren. Ebenso können lokale Kooperationen eine Chance sein, sich von Wettbewerbern abzuheben.

3 Phase der strategischen Analyse und Prognose

Anschließend folgt die Phase der strategischen Analyse und Prognose mit einer Branchenstrukturanalyse sowie einer SWOT-Analyse.

3.1 Branchenstrukturanalyse

Nach dem Five Forces-Modell nach Porter ergeben sich für Unternehmen fünf Wettbewerbskräfte; (1.) die Anzahl und Stärke der Wettbewerber der Branche, (2.) die Bedrohung durch potenzielle, neue Konkurrenten, (3.) die Verhandlungsstärke der Abnehmer, (4.) die Bedrohung durch Ersatzprodukte und (5.) die Verhandlungsstärke der Lieferanten (Porter, 2000, S. 29).

1. **Wettbewerber:** andere Ernährungspraxen, selbstständige Ernährungsberatende, Fitnessstudios, Ärzte für Ernährungsberatung (in Krankenhäusern und oder ähnlichen Einrichtungen)
2. **Potenzielle, neue Konkurrenz:** -
3. **Abnehmer:** Kunden für Einzelberatungen (private und Krankenkassenpatienten), Kunden für Gruppenberatungen, Unternehmen, Kunden für Online-Beratungen

4. **Ersatzprodukte:** Bücher, Zeitschriften, Blogs, Videos auf sozialen Plattformen (YouTube, Instagram, usw.), Mahlzeitenersatzprodukte

5. **Lieferanten:** Vermieter, Lieferanten für in der Praxis verkaufte Produkte, Elektronik und IT

In der Ernährungsberatung ist der Wettbewerb recht hoch, viele Unternehmen bieten ähnliche Dienstleistungen und Produkte an, nicht nur andere Praxen, auch Fitnessstudios und Ärzte erweitern ihr Angebot immer häufiger um Ernährungsberatung.

Währenddessen werden von allen Seiten auch immer mehr Ersatzprodukte angeboten. Viele Bücher, Zeitschriften und Blogs geben Tipps zur Ernährung, Influencer laden Videos oder kurze Clips auf verschiedenste Plattformen hoch und in den Supermärkten tauchen immer mehr Mahlzeitenersatzprodukte auf. Während diese Alternative oft günstiger ist, bleibt der große Nachteil, dass mit Rezepten oder anderen Ernährungstipps oft die große Masse angesprochen wird. Die Individualität und wissenschaftliche Fundierung der Beratung ist also für Praxen ein großer Vorteil.

Dafür scheint der Einstieg potenziell neuer Konkurrenz mit derselben Qualität der Dienstleistung schwer. Damit sich ein neues Unternehmen auf dem Markt beweisen kann, muss eine hohe Fachkenntnis und die Qualifikation (Zertifizierungen und Lizenzen) vorhanden sein.

Hier wird klar, dass die Verhandlungsmacht der Abnehmer recht hoch ist, es gibt viele Anbieter von Ernährungsberatungen. Wenn die Qualität oder der Preis der Dienstleistung nicht stimmt, ist die Barriere zu einem Anbieterwechsel gering. Die Qualität der Dienstleistung, qualifiziertes und engagiertes Personal und adäquate Preise sind ausschlaggebend für eine Durchsetzung des Unternehmens am Markt.

Zuletzt scheint die Verhandlungsstärke der Lieferanten recht gering zu sein, da bei der Dienstleistung einer Ernährungsberatung wenige Produkte benötigt werden. Bis auf den Vermieter der Räumlichkeiten sind grundsätzlich die Lieferanten für einen Großteil der im Unternehmen verkauften Produkte, Elektronik und IT ersetzbar. Wobei es unternehmerisch Sinn ergeben würde, auch hier Kooperationen mit Unternehmen für Nahrungsergänzungsmittel einzugehen, wobei die Verhandlungsmacht dieser Anbieter klar steigt.

3.2 SWOT-Analyse

Die SWOT-Analyse verbindet durch eine Stärken (**S**trength) - Schwächen (**W**eaknesses) -Analyse und eine Chancen (**O**pportunities) - Risiken (**T**hreats) -Analyse, Unternehmens- und Umweltanalyse miteinander.

3.2.1 Unternehmensanalyse

Im ersten Schritt wird die Stärken-Schwächenanalyse des Unternehmens durchgeführt und bezieht sich auf eine rein interne Ressourcenanalyse. Da hierbei ein noch nicht existierendes Unternehmen analysiert wird, sind diese Stärken und Schwächen zunächst fiktiv.

Tabelle 1: Unternehmensanalyse (Stärken-Schwächenanalyse) (eigene Darstellung)

Stärken	Schwächen
- Fachwissen und Ausbildung der Angestellten - Zufriedenheit der Mitarbeiter - hohe Qualität der Beratung - hohe Kundenzufriedenheit - Fokus auf Nachhaltigkeit - Kooperationen mit großen Unternehmen und Ärzten der Umgebung - großer Kundenstamm durch berufliches Gesundheitsmanagement	- hohe Personalkosten - hohe Lebensmittelverschwendung (bei zu geringem Verkauf der Nahrungsergänzungsmittel) - geringer Kundenstamm bei Einzelberatungen und Online-Beratungen

3.2.2 Umweltanalyse

Bei der Unternehmensanalyse werden die Chancen und Risiken des Unternehmens am Markt vom Umfeld des Unternehmens genauer angesehen. Wie bereits bei der Unternehmensanalyse sind die Angaben fiktiv.

Tabelle 2: Umweltanalyse (Chancen-Risikenanalyse) (eigene Darstellung)

Chancen	Risiken
- höherer Wiedererkennungswert und mehr potenzielle Kunden durch Lage der Praxis - Kundengewinnung durch antizyklisches Marketing - steigendes Bewusstsein für gesunde Ernährung → mehr Angebote von Krankenkassen zur Förderung einer Ernährungsberatung - Kundenbindung und -neugewinnung durch positive Mundpropaganda	- hoher Wettbewerb - Anzahl der Beratungen unterliegen stark der saisonalen Nachfrage (Abhängigkeit von der Jahreszeit)

3.2.3 SWOT-Matrix

Aus der Unternehmens- und Umweltanalyse kann jetzt eine SWOT-Matrix erstellt werden und Handlungsstrategien ausgearbeitet werden.

Tabelle 3: SWOT-Matrix (eigene Darstellung)

		Externe Analyse	
	SWOT-Analyse	Chancen (**Opportunities**)	Risiken (**Threats**)
Interne Analyse	Stärken (**Strenghts**)	S-O-Strategien: 1) Die hohe Qualität der Dienstleistung führt zu Kundenzufriedenheit, so kann durch positive Mundpropaganda Kundenbindung entstehen und es können neue Kunden angeworben werden. 2) Das Fachwissen der Angestellten soll mit Schulungen ausgebaut werden, sodass das steigende Bewusstsein für gesunde Ernährung in von Mitarbeitern gestalteten Marketingmaßnahmen zu einer höheren Kundenakquise führt.	S-T-Strategien: 1) Durch das Fachwissen der Angestellten wollen wir uns vom Markt abheben, so soll ein Fokus auf Beratungen außerhalb der üblichen Jahreszeiten mit mehr Interesse an Ernährungsberatungen liegen. 2) Die Zufriedenheit der Mitarbeiter soll Angestellte vom Unternehmenswechsel oder einer eigenen Unternehmensgründung abhalten und somit eine Stärkung des Wettbewerbs verhindern.
	Schwächen (**Weaknesses**)	W-O-Strategien: 1) Schwachpunkte von finanziellen Ressourcen sollen durch Budgetierung ermittelt werden und so die Personalkosten besser und verhältnismäßiger decken. 2) Durch das steigende Bewusstsein für gesunde Ernährung werden sich immer mehr Kunden für Lebensmittelergänzungsprodukte interessieren, sodass die Lebensmittelverschwendung in diesem Bereich verringert wird.	W-T-Strategien: 1) Der Kundenstamm für Einzel- und Online-Beratungen muss sich festigen, sodass Personalkosten getragen werden können und sich durch die Qualität der Beratung Kundenzufriedenheit entwickelt und sich das Unternehmen gegenüber Wettbewerbern durchsetzt. 2) Das Wettbewerbsumfeld soll aktiv beobachtet werden und die Implementierung von Wettbewerbsstrategien und abgeleiteten Marketingmaßnahmen zur Abhebung von der Konkurrenz genutzt werden.

3.3 Zielplanung

Die zuvor formulierten Ziele sollen nun im Zusammenhang mit den durchgeführten Analysen beurteilt werden.

Beim Vergleich fällt auf, dass die in 2.2 erarbeiteten Ziele sich stark mit den Zielen der Strategien der SWOT-Matrix überschneiden. Jedes einzelne Ziel spiegelt sich in den Strategien wider, für die Erreichung der Ziele ist also die Durchführung der in 3.2 formulierten Strategien notwendig. Die Erreichung einer hohen Dienstleistungs- und Produktqualität wird immer wieder als essenziell für das Unternehmen herausgearbeitet und kann durch Schulungen des Personals weiter gesteigert werden. Und das Ziel einer Marktführung in Bonn scheint durch das Implementieren von angepassten Wettbewerbsstrategien erreichbar. Auch der Umweltschutz und die Vermeidung sozialer Kosten der unternehmerischen Tätigkeit wird durch die aktive Veränderung an der Lebensmittelverschwendung durch eine effizientere Ernährung aufgegriffen. Durch Arbeitszufriedenheit der Mitarbeiter wird nicht nur die Qualität der Dienstleistung gesichert, sondern auch die Gefahr des Wettbewerbs auf der Angestelltenebene vermieden. Die Zielplanung ist realistisch.

4 Phase der Strategieformulierung

Im Folgenden soll auf Grundlage des bisherigen strategischen Managementprozesses eine Strategieformulierung auf Unternehmens- und Geschäftsbereichsebene durchgeführt werden.

4.1 Strategieformulierung

Die Strategieformulierung auf Unternehmensebene beinhaltet, wie die Entwicklung des Unternehmens ablaufen soll und welche Marktposition erreicht werden kann (Venzin et al., 2010, S. 54). Als „strategischen Stoßrichtungen" stehen dabei drei Ansätze zur Auswahl: die Desinvestitions-/Rückzugsstrategie, die Stabilisierungsstrategie und die Wachstumsstrategie (Bamberger & Wrona, 2012, S. 131).

Da die Unternehmensgruppe expandieren will und es sich bei dem Standort in Bonn um eine Neueröffnung handelt, ergibt sich die Wachstumsstrategie als passend. Der Marktanteil soll vergrößert werden und die Wettbewerbsfähigkeit erhöht werden.

Dafür wird die Produkt-Markt-Strategie nach Ansoff herangezogen. Für diese Produkt-Markt-Kombination entwickelte er vier Primärstrategien, die dem Ziel der Marktdurchdringung dienen (Becker, 2011, S. 122). Unterschieden wird hier, zwischen dem Verkauf von alten oder neuen Produkten auf bereits bedienten oder neuen Märkten.

Tabelle 4: Produkt-Markt-Strategien (Nagel & Wimmer, 2009, S. 206)

	Bestehender Markt	Neuer Markt
Alte Produkte	Marktdurchdringung Erfolgswahrscheinlichkeit: 50%	Marktentwicklung Erfolgswahrscheinlichkeit: 33%
Neue Produkte	Produktentwicklung Erfolgswahrscheinlichkeit: 25%	Diversifikation Erfolgswahrscheinlichkeit: 5%

Die Marktdurchdringung mit 50% Wahrscheinlichkeit des Erfolgs wird bei dem Wachstum des Gesamtmarktes oder der Vergrößerung des Marktanteils eines Unternehmens angewendet (Simon & Gathen, 2010, S. 29).

Bei der Marktentwicklung werden bestehende Produkte an neuen Märkten angeboten und so das Marktsegment erweitert (Simon & Gathen, 2010, S. 29).

Bei der Produkt- oder auch Leistungsentwicklung wird die Strategie verfolgt, durch Weiterentwicklung der angebotenen Produkte die Zielgruppen auf dem bereits bestehenden Markt zu erweitern (Nagel & Wimmer, 2009, S. 207).

Die Strategie der Diversifikation verfolgt den Ansatz, neue Produkte auf einem neuen Markt anzubieten und somit das Sortiment sowie die Geschäftsfelder zu erweitern (Simon & Gathen, 2010, S. 28).

Bei der Praxis für Ernährungsberatung in Bonn wird die Marktdurchdringung gewählt. Beim wachsenden Markt für Ernährungsberatung muss sich das Unternehmen durch qualitative Dienstleistungen und gezieltes Marketing einen Wettbewerbsvorteil schaffen, um langanhaltendes Wachstum und besonders Rentabilität zu sichern.

Die Strategien auf der Geschäftsbereichsebene beziehen sich auf das Auftreten eines Unternehmens in einzelnen Geschäftsfeldern (Simon & Gathen, 2010, S. 114). Dies lässt sich in drei Wettbewerbsstrategien aufteilen; die Differenzierungsstrategie, die Kosten- bzw. Preisführerschaft und die Nischenstrategie (Venzin et al., 2010, S. 162).

Die Differenzierungsstrategie legt ihren Fokus auf die Wiedererkennung. Dazu ist ein Alleinstellungsmerkmal nötig, um sich deutlicher vom Markt abzuheben (Venzin et al., 2010, S. 185).

Bei der Kosten- bzw. Preisführerschaft ist das Ziel, der kostengünstigste Anbieter auf dem Markt zu sein (Nagel & Wimmer, 2009, S. 215).

Bei der Nischenstrategie liegt der Fokus auf einem einzelnen Produkt, auf das sich das Unternehmen spezialisiert und so ein enges Segment anspricht (Nagel & Wimmer, 2009, S. 217).

Da die Nischenstrategie durch die vorhergegangene Planung bereits ausgeschlossen wurde und eine Preisführerschaft durch das hochqualifizierte Personal unmöglich ist, wird hier die Strategie der Differenzierung gewählt. Auch hier soll wieder die hohe Qualität der Dienstleistung im Vordergrund stehen und mit dem Namen in Verbindung gebracht werden. Hier ist ein besonderer Fokus auf das Marketing notwendig. Durch die Strategie der Qualitätsführerschaft sollen mit angemessenen Preisen hohe Erträge, die die der Konkurrenz überschreiten, erzielt werden. Das Erreichen des Ziels der Wiedererkennung bringt Kundenloyalität mit und erhöht zusätzlich die Eintrittsbarrieren für Wettbewerber (Welge & Al-Laham, 2012, S. 213).

4.2 Blue Ocean-Strategie

Eine weitere Strategie bildet die Blue-Ocean Strategie. Dabei wird die Nachfrage vom Unternehmen selbst erzeugt und ein komplett neuer unbesetzter Markt geschaffen. Die Strategie kann von alleine durch ein innovatives Geschäftsmodell entwickeln oder aus einem Red-Ocean, einem gesättigten Markt, entstehen (Mauborgne & Kim, 2015, S. 77). Die Blue-Ocean Strategie verspricht hohe Gewinne und eine schnelle Wachstumschance. Unternehmen verfolgen mit der Erschaffung eines Blue-Oceans gleichzeitig die Strategie der Differenzierung und die der Kosten- bzw. Preisführerschaft (Mauborgne & Kim, 2015, S. 83).

Die Schaffung eines Blue Ocean in der Branche der Ernährungsberatung gestaltet sich schwer. Das Angebot ist bereits breit gefächert und viele Dienstleistungen werden bereits von anderen im Markt etablierten Unternehmen angeboten.

Ein möglicher Blue Ocean wäre eine Fokussierung der Ernährungsberatung auf Schwangere. Mit einer Plattform zur Beratung vor der Schwangerschaft, während der Schwangerschaft und nach der Schwangerschaft und in der Stillzeit ergibt sich eine kleine aber neue Nische in der Branche. Auf der Website können Lebensmittelrichtlinien vorgeschlagen werden und ein einfacher und standortunabhängiger Kontakt zu den ausgebildeten Ernährungsberatern des Unternehmens hergestellt werden.

Die Kunden könnten ihre Essgewohnheiten und körperlichen Veränderungen erfassen und dabei mit anderen durch eine Community-Funktion Erfahrungen und auch Tipps teilen.

So können Schwangere kostengünstig und ohne physische Termine oder Gruppentreffen mit anderen Schwangeren und ausgebildeten Ernährungsberatern in Kontakt treten. Die Praxis für Ernährungsberatung könnte so ihr Angebot noch weiter fächern und einen Blue-Ocean aus einem Red-Ocean schaffen.

Grundsätzlich bleibt auch hier wie beim Rest des Angebots das Ziel sich durch die Differenzierung und die Qualität der Dienstleistung von Wettbewerbern abzuheben.

5 Personalmanagement

Besonders bei Dienstleistungen ist das richtige Personal entscheidend, zu Beginn der Kette stehen dabei Führungskräfte. Sie sind ein entscheidender Faktor beim Unternehmenserfolg. Der Führungsstil einer Führungskraft beeinflusst das Verhalten und somit das Arbeitsergebnis der Mitarbeiter, was sich wiederum auf den Erfolg eines Unternehmens am Markt auswirkt (Bartscher et al., 2012, S. 268). Für die Praxis für Ernährungsberatung sollen geeignete Führungskräfte arbeiten, die das Unternehmen kompetent leiten.

5.1 Führungsverhalten

Führung ist ein Beeinflussungsprozess, dessen Ziel das gemeinsame Erreichen von Zielen ist (Schmeisser et al., 2013, S. 196). Da das Team der Praxis eher klein sein wird, stehen sich Mitarbeiter und Führungskraft sehr nahe. Bei einem so engen Verhältnis ist der Umgang miteinander besonders wichtig.

Ein entscheidender Faktor ist hier die Wahl des Leadership-Styles, basierend auf dem Konzept der emotionalen Intelligenz. Bei einer von Goleman (2000, S. 78 ff.) durchgeführten Studie wurden ungefähr 4000 Führungskräfte weltweit analysiert und es wurden sechs verschiedene Leadership-Styles entdeckt; Direktiver Stil, Pacesetting Stil, Partizipativer Stil, Affiliativer Stil, Visionärer Stil und der Coachende Stil.

Wegen der flachen Hierarchie im Unternehmen bietet sich der Partizipative Stil an. Auch bekannt als demokratischer Führungsstil, bezieht dieser Führungsstil die Mitarbeiter aktiv in Entscheidungsprozesse ein. Da die Mitarbeiter alle bereits zu Beginn der Einstellung hoch qualifiziert und erfahren sind, kann die Führungskraft so Unterstützung von ihrem Team in ihr unbekannten Themen bekommen. Bei regelmäßigen Teammeetings übernimmt hier die Führungskraft die Rolle vom Moderator, sodass sich Mitarbeiter kreativ mit ihren Fähigkeiten einbringen können. Durch die Teamarbeit wird das Vertrauen zwischen Mitarbeitern und Führungskräften gestärkt und die Motivation und das Engagement der Mitarbeiter steigt.

Aber auch die Führungskraft selbst sollte bestimmte Charakteristika und Persönlichkeitsmerkmale mitbringen, dabei ist die emotionale Intelligenz ein wichtiger Erfolgsfaktor. Emotionale Intelligenz setzt sich aus zwei Dimensionen zusammen, die persönliche und die soziale Kompetenz (Goleman, 1998, S. 92 ff.). Zu einer guten Führungskraft gehören nach Goleman (2000, S. 78 ff.) eine gute Selbstwahrnehmung mit Selbstvertrauen, aber auch emotionaler Selbstreflektion und eine stimmende Selbsteinschätzung. Zusätzlich gehören zu den persönlichen Kompetenzen das Selbstmanagement, was unter anderem Gewissenhaftigkeit, Anpassungsfähigkeit und Vertrauenswürdigkeit mit sich bringt.

Zu den sozialen Fähigkeiten einer Führungskraft sollte soziales Bewusstsein mit Empathie, Service- und Kundenorientierung sowie ein Sinn für ökonomische Vorgänge gehören. Eine weitere soziale Kompetenz ist das Beziehungsmanagement. Das beinhaltet Interaktions- und Kommunikationsfähigkeit, Konfliktmanagement, die Fähigkeit zum Aufbau von Bindungen und grundsätzlich die Teamfähigkeit (Goleman, 2000, S. 78 ff.).

Zusätzlich zu den von Goleman beschriebenen Eigenschaften sollte die Führungskraft ein autoritäres Auftreten haben und sich ihrer Vorbildfunktion gegenüber Mitarbeitern sowie Repräsentationsfunktion nach außen bewusst sein. Strategisches Denken und eine verantwortungsbewusste Arbeitsweise sind von Vorteil. Auf eine Führungskraft sollte man sich verlassen können und sie sollte eine hohe Stresstoleranz sowie emotionale Stabilität mitbringen. Zuletzt ist Integrität eine wichtige Eigenschaft, die zum langfristigen Erfolg einer Führungskraft führt.

5.2 Recruiting

Beim Recruiting, auch Personalbeschaffung genannt, gibt es grundsätzlich zwei Ansätze zur Gewinnung von neuem Personal. Stellen können intern an bereits im Unternehmen tätige Mitarbeiter vergeben werden oder an externe Bewerber.

Da es sich bei der Praxis für Ernährungsberatung um eine nach Europa expandierende international agierenden Unternehmensgruppe handelt, gibt es die Möglichkeit, eine in-

terne Stellenausschreibung zu machen. Die daraus folgende Änderung des Arbeitsver-
hältnisses hat den Vorteil, dass der Mitarbeiter bereits mit den Abläufen im Unternehmen
vertraut ist und das nötige Wissen und die Erfahrung mitbringt. Andererseits hinterlässt
der Mitarbeiter natürlich eine Lücke in seiner hinterlassenen Position und es gibt keine
große Anzahl an Mitarbeitern, die für diese Position geeignet sind. Dadurch, dass der
Standort in Bonn neu ist, kommt die Bereitwilligkeit eines Umzugs oder des Pendelns
noch dazu.

Bei der aufwändigeren externen Stellenausschreibung gibt es die Vorteile eines großen
Bewerberpools und von Bewerbern, die notwendige Qualifikationen bereits mitbringen
und nicht wie bei der internen Ausschreibung gegebenenfalls erst erlernen müssen.
Um diese Bewerber zu erreichen, soll ein E-Recruiting durchgeführt werden. Die zu be-
setzende Stelle wird auf angemessenen Jobportalen und über die eigene Firmenwebsite
ausgeschrieben, um eine möglichst große Anzahl an Interessenten zu erreichen.

Durch die genaue Betrachtung der Lebensläufe und Bewerbungsschreiben werden dann
ausgewählte Bewerber zu einem persönlichen Gespräch eingeladen. Mithilfe von einem
strukturierten Fragenpool wird dann zusätzlich die Qualifikation und die Kompatibilität
des Bewerbers mit dem Unternehmen festgestellt. Zusätzlich kann durch ein Assessment-
Center die Eignung der Person für die ausgeschriebene Position bestimmt werden. Über
einen längeren Zeitraum werden verschiedene Aufgaben und Übungen absolviert, um das
Verhalten, das Fachwissen und Persönlichkeitsmerkmale des Bewerbers unter möglichst
realistischen Bedingungen zu beobachten und bewerten.

Das Potential eines qualifizierten Bewerbers lässt sich nach Fernández-Aráoz (2014, S.
24–25) in fünf Charakteristika erkennen; der Motivation, der Neugierde, der Auffas-
sungsgabe, dem Engagement und der Entschlossenheit eines Bewerbers. Zusätzlich sind
bei einer Führungsposition Intelligenz, Wertvorstellung, neue Ideenimpulse, Teamfüh-
rung und die Führungsqualität von Bedeutung zur Auswahl eines geeigneten Bewerbers
(Fernández-Aráoz, 2014, S. 30).

6   Literaturverzeichnis

Bamberger, I. & Wrona, T. (2012). *Strategische Unternehmensführung. Strategien, Systeme, Methoden, Prozesse* (Vahlens Handbücher der Wirtschafts- und Sozialwissenschaften, 2.). München: Vahlen.

Bartscher, T., Stöckl, J. & Träger, T. (2012). *Personalmanagement. Grundlagen, Hand lungsfelder, Praxis* (Always learning). München: Pearson Studium.

Becker, F. G. (2011). Strategische Unternehmungsführung. Eine Einführung; mit zahlreichen Aufgaben und Lösungen (4., neu bearbeitete Aufl.). Berlin: E. Schmidt

Bruhn, M. (2013) *Qualitätsmanagement für Dienstleistungen. Handbuch für ein erfolg reiches Qualitätsmanagement: Grundlagen – Konzepte – Methoden* (9. Aufl.). Berlin Heidelberg: Springer Gabler

Fernández-Aráoz, C. (2014). *Talentmanagement im 21. Jahrhundert.* Harvard Business Manager, (08), 18–31.

Goleman, D. (1998). What makes a leader. *Harvard Business Review*, (Nov. - Dez.), 92–105.

Goleman, D. (2000). Leadership that gets results. *Harvard Business Review*, (März - April), 78–90.

Google Maps (2023). Aufruf am 18.04.2023 unter
https://www.google.com/maps/place/Am+Hauptbahn-hof+6,+53111+Bonn,+Deutsch-land/@50.7327278,7.0962587,19z/data=!4m6!3m5!1s0x47bee19f14c02e19:0x9 5f4c83a1489dfa3!8m2!3d50.7324458!4d7.097698!16s%2Fg%2F11cskwfvk6

Hinterhuber, H. H. (2011). *Strategische Unternehmungsführung. I. Strategisches Denken* (Bd. 1, 8., neu bearbeitete und erweiterte Aufl.): Erich Schmidt.

Mauborgne, R. & Kim, C. (2015). Die Ozean-Strategie. *Harvard Business Manager*, (1), 76–86.

Meffert, H. & Bruhn, M. & Hadwich, K. (Hrsg.). (2015). *Dienstleistungsmarketing. Grundlagen - Konzepte - Methoden* (8. vollständig überarbeitete und erweiterte Aufl.). Wiesbaden: Springer Gabler.

Müller-Stewens, G. & Lechner, C. (2011). *Strategisches Management. Wie strategische Initiativen zum Wandel führen: der St. Galler General Management Navigator* (4., aktualisierte Aufl.). Stuttgart: Schäffer-Poeschel.

Nagel, R. & Wimmer, R. (2009). *Systemische Strategieentwicklung. Modelle und Instrumente für Berater und Entscheider* (5., aktualisierte und erweiterte Auflage). Stuttgart: Schäffer-Poeschel.

Porter, M. E. (2000). *Wettbewerbsvorteile. Spitzenleistungen erreichen und behaupten* (6. Aufl.). Frankfurt: Campus.

Schmeisser, W., Andresen, M., Kaiser, S. & Teschner, E. (2013). *Personalmanagement* (UTB basics). Stuttgart: UTB.

Schwetje, T. (2000). Zum Einfluss der Mitarbeiterzufriedenheit auf die Kundenzufrie denheit im Handel. In H. Woratschek (Hrsg.), *Neue Aspekte des Dienstleis tungsmarketing.* Deutscher Universitätsverlag.

Simon, H. & Gathen, A. von der. (2010). *Das grosse Handbuch der Strategieinstru mente. Werkzeuge für eine erfolgreiche Unternehmensführung* (2. überarbeitete und erweiterte Aufl.). Frankfurt, M.: Campus.

Stock-Homburg, R. (2012). *Der Zusammenhang zwischen Mitarbeiter- und Kundenzu friedenheit.* (5. Auflage) Wiesbaden: Gabler Verlag/ Springer Fachmedien.

Venzin, M., Rasner, C. & Mahnke, V. (2010). *Der Strategieprozess. Praxishandbuch zur Umsetzung im Unternehmen* (2., erw. Aufl.). Frankfurt: Campus.

Welge, M. K. & Al-Laham, A. (2012). *Strategisches Management. Grundlagen – Prozessimplementierung* (6.): Gabler.

7 Abbildungs- und Tabellenverzeichnis

7.1 Abbildungsverzeichnis

7.2 Tabellenverzeichnis